## 言【1】

山鹿素行の語に『凡《およ》そ物必ず十年に變《へん》ずる物なり』といふのがある。前著『日本精神史研究』を刊行してからの十年を思ふとまことにその感が深い。前著の現はれた頃にはマルキシズムの流行が急激に高まりつゝあつた。然るに今は『日本精神』の聲《こえ》を聞くこと頻《しき》りである。然し變《かわ》つたのは時勢であつて、遺憾ながら著者の研究ではない。丁度十年の後に、あまり進歩の痕もない研究を續篇《ぞくへん》として刊行することは、深く著者の愧《は》づるところである。

日本精神とは何であるか、といふ問を、近頃は時々受けることがある。然し自分はこの問に對して簡單明瞭な答をすることが出來ない。またそれが日本精神史の研究に努めるものにとつて當然のことであらうと思はれる。何故なら、もし日本精神の何であるかが一語を以て云ひつくせるものならば、それはもはや學者の探求を必要としないものであり、また探究が必要である限りそれは未だ形付《かたづ》いてゐないからである。著者の如きは、日本精神史の探究にたづさはること既に二十年に垂《なんな》んとして、なほ僅かにその一端を窺つたに過ぎない。日本精神史の中味はそれほど深く豐富なのである。それを簡單明瞭に、何の苦心もなく飲み込める様に、平易に説明するといふやうなことは、到底著者の力の及ぶところではない。また著者はそのやうなことが一般に可能であるとも思はぬ。さう安々と形付《かたづ》け得られるほどに日本精神が安つぽいものであるとは、どうしても考へられないからである。著者は寧ろ日本精神史の持つ深さや豊かさに對して人々の注意を喚起するといふことを、著者の望み得る唯一の目標としてゐるに過ぎない。

こゝに集錄した六篇の論文は前著以來十年の間に折にふれて書いたものであつて、統一ある意圖《いと》の下に計畫《けいかく》されたのではない。初めの三篇は岩波君の講座の事業の有意義なるを思ひ準備の不充分を冒して敢て執筆したもの、第四の一篇は得能博士還曆紀念論文集への寄稿、第五の一篇は昭和六年夏講義草稿の一部として書き翌年『思想』に掲載したもの、最後の一篇【2】は昭和三年秋の京都哲學會講演の草稿に手を入れて半途まで『哲學研究』に掲載したものである。すべて未熟な半出來のものであるが、近時屢〻《しばしば》受ける質問への答ならぬ答として一先づこゝに纏《まと》めて置く。

昭和十年六月二十八日

著　者

---

【1】『続日本精神史研究』（岩波書店、一九三五）序言。振り仮名は適宜補った。

【2】『続日本精神史研究』に収録されたこの「最後の一篇」が本論「日本語と哲学の問題」である。

# 日本語と哲学の問題

和辻哲郎

日本語と哲学の問題

# 日本語と哲学の問題

## 一　国民的特性としての言語

この小論において試みるのは、日本語という一つの特殊な言語を通じてこの民族の精神的活動の根本的な一面を解釈しようとする精神史的な考察である。だからここには当然、理解によって接近すべき精神史的な世界がすでに純粋なる言語に表現せられていること、従ってフンボルトの言ったごとく、一つの民族の精神的特性と言語形成とは密接に融合せられたものであり、もしその一つが与えられれば他はそこから充分に導き出され得るということの認識を先立てねばならない。が、この点については自分は、近ごろ田辺教授が諸種の論文においてきわめて明快に説かれたところに、すなわち言語は「生そのものの不断なる自己解釈乃至自己表現の過程」たることを本質とし、「実践行動の立場における完結なき浮動進行の試立的過程」として論理及び芸術の立場と異なり、「理解の框」「型」として歴史認識の上に働くということの詳細な論証に従うものである。もしここに蛇足を添えて反省しておくべき点があるとすれば、それは言語の本質についての考察が生の基礎的な構造から一層根本的になされるに従い、言語の民族的歴史的なる特性が眼界の外に置かれるに至っているという点であろう。言語が一つの民族の歴史的体験を荷なう集団的体験の表現であり、それぞれの民族に特有なる体験を普遍的に意味すると言われるときには、体験の表現という言語の本質に即してその体験が民族的歴史的に特殊なものであることを強調しているのであるが、さらに進んでこの体験の表現ということを歴史的世界の構造から、あるいは Dasein の構造から明らかにしようとする場合には、それは歴史的世界そのもの生そのものの構造の問題となり、かかる生がいかにして特殊な姿に現われるかは触れられないことになる。「言語の相違」を言語研究の主題としたフンボルトにあっては、前の場合にあげたごとき特殊性の問題が強い関心の対象であった。彼によれば言語は民族の精神が外に現われたもの、「一の国民的個性的生活の精神的呼吸」であり、言語の構造は国民の精神的特性そのものである。そうしてかかる特性は、人間の精神力の生産、「人間の精神力が種々の形に現われること」として、世界史が己れの内より明らかに展開せしむべき究極のイデーとせられる。特性の問題は歴史の形而上学と連絡せざるを得なかったのである。そうしてその言語の研究は、結局、言語の相違及び民族の区分と「人間の精神力の生産」との関連を主題とするところの、精神史的理解の努力にほかならなかった。これに反してハイデッガーがその驚くべく綿密な Dasein の存在論的分析にもとづいて言語の構造の存在論的存在法的全体を明らかにしたときには、言語の民族的な相違のごときは全然問題とされなかった。彼においては言語は「話」Rede の外に言い出された有りさまであり、Rede は「自らの存在においてその存在自身にかかわれる、従ってすでにその存在を了解せる存在者」たる Dasein が、その自己了解性を分肢する「有りかた」である。そうしてかかる「有りかた」は、Dasein の「世の中にあること」として他のあらゆる有りかたと密接に関連する。世の中にあることとの自己開示性（Erschlossenheit）、それを構成する有りかたとしての自己発見性（Befindlichkeit）や了解（Verstehen）、了解の内に可能性として含まれたる解釈（Auslegung）、解釈の分岐体としての陳述（Aussage）、陳述の一つの意味たる伝達、――かくのごとき種々の有りかたとの相関において Rede という有り方は理解せられるのであって、その点から言えば Dasein の構造全体の理解なくしては言語の構造もまた理解せられないことになる。このように根本的な言語の本質の開明は、彼自身の自負しているように、いまだかつて試みられなかったところでもあろう。しかし我々はそこに言語の相違が何であるかを見いだすべき手がかりは与えられておらぬと思う。それは同時にまた一つの民族の精神的特性が何であるかを見いだすべき手がかりをも与えておらぬということを意味する。そうしてそれはハイデッガーの存在論においては当然のことなのである。彼の力説するDaseinは根本においては個人であって、個人的・社会的なる二重性格を有する人間存在ではない。従って彼は言語を個人と道具との了解的交渉の場面から取り出したのであって、人と人との間の実践的交渉の場面から取り出したのではない。だから彼の綿密をきわめた分析も「ともに生き、ともに語る相手なしに言語が発達するという無意義なこと」(マルクス)を取り扱っているに過ぎない。言語の本質の根本的な開明は単にDaseinの構造全体の理解によってのみ得られるのではなく、かかるDaseinがはめ込まれている社会存在の構造全体の理解をまたねばならぬのである。しかし社会存在の構造もこれを社会の身体から引き離して考察するならば言語の相違や民族の精神的特性と無縁なものになる。社会存在の場所的性格を把握することのみがこれらの問題を正しく解決せしめるであろう。ところでこの場所的性格への通路を提供するものは、風土あるいは水土と呼ばれる現象である。かかる現象を介して社会の身体を捕え得たのちに、初めてハイデッガーのいわゆる道具との交渉が具体的な意義を持ちきたるのである。人が besorgend に出合う「手近なもの」との交渉において、その「何のため」「何をもって」は社会存在の場所的性格の方から限定せられて来る。たとえば太陽、山、河、草木、野原等々の「道具」は、どこでも同じ性格、同じ用をもって交渉せられるのではない。太陽が烙けつくごとく熱い場合と幽かな暖かさをしか感じさせない場合と、あるいは山野が旺盛なる植物に覆われている場合と一滴の水もなく乾燥してただ死骸のごとき岩と砂とのみである場合と、そこに存する「何をもって」は明白に異なって来る。しからばそれぞれの場合の交渉も、すなわち「その中」（Worin）も特殊な性格を帯びざるを得ぬ。しかるに「その中」こそまさに Dasein が存在論以前にすでに存在的に持っている存在了解にほかならない。存在了解の特殊性はすなわち Dasein の有り方の特殊性であり、それはさらに Dasein の自己了解性を現わす仕方の特殊性として、すなわち言語の特殊性として、現われざるを得ぬのである。かく考えれば言語の民族的相違の問題は言語の最も深い根柢とからみ合っているのである。かかる相違を捨象して言語の本質を考えることは、具体的に言語を取り扱うことにはならない。フンボルトが「言語の構造は国民の精神的特性そのものである」と主張したことは、非常な卓見だと言わねばならぬ。言語のごとき具体的な生の表現は精神史的な理解なしに取り扱われ得ないのである。言語を人間存在の根柢から説こうとする場合にさえもこの事は動かない。それぞれの特殊な言語を離れて一般的言語などというものがどこにも存しないことは、何人も認めざるを得ない明白な事実である。

## 二　日本語の特質

さてここに「日本語」を捕えて、これを民族的歴史的に特殊な精神生活の充分な、あますところなき、従って客観的把捉を可能にする表現と見るとき、まず我々の興味を刺激する点は、純粋の日本語をもって書かれた文芸及び歴史書が他に向かって誇るに足るだけ豊富であるにかかわらず、同じく純粋の日本語をもって叙述せられた学問的思想の書がきわめて乏しいことである。これは日本人が学問的にものを考えなかったことを示すのではない。古い時代にさえも仏教及び儒教において日本人がかなり深く哲学的な思索を試みたことは何人も承認せざるを得ないところである。しかし日本人がかかる思索を純粋の日本語によって試みたのでなかったこと、すなわち精神生活の有力な一面たる思索が日本語において表現を見いださなかったことは、ここに顕著に示されていると思う。もとより日本人は、現代ヨーロッパ人がおのれの言語をもって見るに足るほどの精神的創造をなし得るに至ったよりもはるか以前に、ギリシアの抒情詩にも匹敵すべき優れたる抒情詩をおのが言葉によって作り出し得たほど言語を発達させていた。しかも仏教や儒教のすでに高度に発達せる概念的知識を受け容れた際には、直覚の表現・個性の表現においてあれほど自由であった言語をもってしても、容易に論理的な概念内容を表示し得なかったのである。だから人々は漢語漢文をもって考え、漢語漢文をもって叙述した。これによって漢語は日本人の思想の機関とされ、漸次日本語化さるるにも至ったのである。しかしそのために学問的用語と日常語及び文芸語との間には常にある距りが存せられ、従って日本語は言語としての純粋の立場を比較的よく保存したものとなった。それは知識的反省以前の体験の表現としてきわめて豊富であり、無反省なる自然的思惟を論理的に発展させることなく常により強き情意の表現とからみ合わせるごときものとなった。この点から言えばフンボルトのごとく言語を「思想」の表現として力説し、言語と知的活動との不可分性を関心の中心に置くことは、日本語に対しては一面的に過ぎると言わなくてはならぬ。日本語においてはむしろ感情や意志の表現が表に立ち、直接なる実践行動の立場における存在の了解の表現としての趣をきわめてよく保存しているのである。日本文芸に著しい一つの表現様式として、言葉の知的内容からは何の連絡もない言葉をただ音の同一・類似によって連絡させつつ、しかもその感情的情緒的な内容のつながりによって一つの具体的な感情の表現をなし遂げるというやり方が高度に発達したのも、日本語の右のごとき特性にもとづくものであろう。そうしてこの特性はやがて日本民族の精神的特性にほかならぬのである。かかる点より言えば日本語は、「言語」を通じて精神生活を解釈しようとする試みにとっては特に興味深いものと言わなくてはならぬ。

　ヨーロッパの学問を力強く受け容れた現代においては、事情は幾分異なっている。かつて我々の祖先が、外より学問を伝えた漢語をそのまま学問的用語として用いたのとは異なり、現代においてはヨーロッパの高度に発達せる概念的知識を我々自身の学問的用語によって現わしているのである。しかしここにも我々は日本に特殊な現象を見いださざるを得ない。かつてヨーロッパ人が古典語を外より受け容れそれによって思索したことは、我々の祖先が漢語をもってしたと全然同様であるが、しかし今や我々のやっていることは、この「漢語」をもってそれと著しく伝統を異にしたヨーロッパの思想を現わすということなのである。もとよりここに用いられる漢語は、ただ単語としてであって文章としてではないが、しかしそれにしてもこの仕事は、ヨーロッパ人が自国語に受け容れた限りの古典語を主として用いつつシナ、インドの思想を叙述するというような仕事をやったときに、初めてその比儔《ひちゅう》を見いだすべきものであろう。しかもこの、ヨーロッパ人の決してしそうにない仕事を、日本人は力強い言語上の革命をもってなし遂げたのである。すなわち彼らは日本語化した漢語の新しい組み合わせによって、漢語としての伝統を振りはらい、ヨーロッパの学問の伝統をそのまま受け容れ得るごとき新しき日本語を作り出したのである。ここにおいてこの新造語は、民族の体験に根ざした「意味」を担うこと少なく、初めより概念内容を表示するものとして現われてくる。たとえば「理性」という語は、道理、無理、性質、性分というごとく日常語化された「理」と「性」との二語を結合して、**Vernunft, reason** という哲学的概念を表示するために作られ、それとともに事（差別相）に対する平等相としての「理」の概念や自有不待因縁としての「性」の概念からはほとんど手を絶ってしまった。この種の革命は、はなはだしく性格を異にし伝統を異にする他国の文化を受け容れてそれに己れを適応させようとする時に、恐らくやむを得ない、また最も賢明な方法であったのであろう。それとともにここでも概念を表示する語と体験を表現する語とがある距たりをもって対立し、日常語は学的概念に縁遠く芸術的表現に親近なる言葉として、依然として言語の純粋な姿を比較的に素朴なままで保つことになる。ヨーロッパ文化の流入とともに思想上には過去と絶縁するかに見えるほどの顕著な変革があったにかかわらず、言語においてはなおこの特殊な民族の永い歴史的体験を豊かに表現しているのも、そのゆえにほかならぬであろう。これもまた我々の考察にとって興味深い点である。

かくのごとく日本語が学問的用語を常に特殊な種として特別の区域に囲い込んでおくという傾向を持つことは、本来日本人が、その無反省なる自然的思惟を反省しつつ論理的方向に純化発展せしめるという性向においてよりも、むしろ個性の表現記述に向かう性向において優れていたこと、従って論理的な思索は常に外より教えられ引き出されて動いたものであることを示すように思われる。このことは日本人の精神生活が「悟性的認識」よりも道徳と芸術とを主たる関心としていたことを意味するにほかならぬ。我々はこのような「悟性的認識における不熱心」というごとき特性を日本語の文法的構造のうちに顕著に見いだすのである。たとえば「もの」を言い現わす名詞は、そのものが単数であるか複数であるか、一定のものであるか不定のものであるか、一例としてであるか一般的にであるか、男性的女性的あるいは中性的のいずれであるか、というごときそのものの有り方の種々の様態については全然介意せず、ただ類型的にそのものを言い現わすことに満足する。だから複数形もなく性の別もなくまた冠詞も伴なわない。元来名詞は、客観的にあるもの自身を示すのではなく、精神がその生産によってそのものを把捉したところを、あるいは生のそれ自らの内におけるそのものとの交渉を、表現するのであるとすれば、右のごとき「もの」の見わけ方ののんきさは、そこから悟性的認識の努力が強く発展し得ないような特殊な生の性格を示すと言えるであろう。さらにこれらの「もの」の「関係」を言い現わす動詞においては、その現わす結合の働きが、我、汝、彼、彼女、あるいは我ら、汝ら、彼ら、彼女らのいずれの働きであるかを問わず、ただ類型的にあらゆる主格に通ずる働きを言い現わすに満足する。だから人称や数の別がなく、またこれらのものの不定な状態において「もの」ではなく「関係」そのものを言い現わすを特色とするInfinitivもない。不定法に当たるものは、時の助動詞と連続して過去を現わしあるいは他の動詞、名詞、形容詞と連続して合成語を作る動詞の法と全然同形な名詞法である。たとえば、「笑ひたり」、「笑ひて」、「笑ひ事」などのごとき「笑ふ」の一態と全然同形なる「笑ひ」が「笑ふこと」を意味するのである。しかもこの動詞の名詞法は、時とともにその特色たる総合の働きの表現としての意味を弱めて、名詞としても用いられるに至った。たとえば「笑ひ」は「笑ふこと」とともに「笑ひといふもの」をも意味し、従ってdie Lacheとdas Lachenとのごとき区別を作り出しておらぬのである。後に「笑ひたり」「笑ひて」などが「笑った」「笑って」というふうに発音せらるるに至った時にも、この動詞の名詞法は依然として古い形「笑ひ」を保存しているのであるが、しかしそのために動詞としての活用からは遊離され、一層「もの」を現わす名詞に近づいた。この傾向はあるいは名詞と動詞の区別少なき漢語漢字の取り入れによって激成されたのであるかも知れない。「笑《わらひ》」「恵《めぐみ》」「悲《かなしみ》」「怒《いかり》」「望《のぞみ》」というごとく、漢字のあてはめによって動詞が固定化されるということは、必ずしもあり得ぬことではなかったであろう。すべてこれらのことは、動詞自身が「時」を持たないという特徴とともに、動詞をはなはだしく単純化し、従って動詞を動詞たらしめる「関係」の表現がそれだけ単純であることを示すのである。ここにも、精神がその言語生産によってものとものとの関係を把捉する場合に、その関係を綿密につかもうとしない傾向、言いかえれば生がそれ自らの内において交渉する手近なものをただながめやる立場から前にあるものとして非関心的に見る場合に、そこにすでに理解せられている交渉のさまざまの仕方を非関心的なものとものとの関係として綿密に翻訳するという努力の少ない傾向が、明らかに看取せられると思う。

　しかし以上のことは日本語が実践行動の立場における存在の了解を豊富に含んでいることの証拠としても解釈せられるであろう。たとえば複数形の欠如は人間存在の了解としてはかえって深く事態に即せるものと見られ得る。人間は個人的・社会的な二重性格を有するものであり、従って数的に計量せらるべきものでない。「若い衆」という言葉が一人の若者を指すとともにまた若者の群をも意味するということは、言葉が事態に忠実な表現であることを示すのであって、言葉の未発達の証拠ではない。一般に「もの」を現わす名詞の原型が「人」を現わす名詞にあるとすれば、名詞に複数形のないことも同じき根拠に立つものと見られよう。樹木は本来一本でもあればまた多数でもある。そのいずれかに片付けてしまうのは樹木の本質に忠なるものではない。樹木が一本であるかあるいは多数であるかは樹木の数の問題として樹木に関して考えられることである。だから樹木そのものにおいては単数多数の別のない方が事態に忠実なのである。同様に性の別は、人間存在にあっては、付加的な限定によって初めて生ずるものではない。男女は根本的な区別である。従って男女、父母、夫婦、兄妹というごとき名詞自身が性の別を本質的に含意するのであって、ことさらに冠詞をもって示すを要しない。もし名詞自身がこの別を含意しないならば、冠詞によって男女の別を付加するということは無意義である。従って名詞が性の別を持たない方が事態に忠なのである。さらにまた動詞に、人称の別のないことは、人間の動作が個人的・社会的なものとして、いずれかの人の立場に固有するものでないことの了解を示すのである。我が見るのも汝が見るのも見る働きとして同一であるならば見るという動詞は形を変えるに及ばない。――なおその他の点についても同様のことが言えるであろう。

しからば日本語の非分別性は、悟性による綿密な分別を加えなかったがゆえにかえって真実なる存在の了解を保存するものと言えるであろう。

このような長所は他方において「てにをは」というごとき日本語独特の現象として現われている。それはものや関係の捕え方のきわめて豊富な一面を示すものである。この助詞なるものは他国語における「格」や前置詞よりもはるかに働きの多いものであって、ただに名詞、形容詞、代名詞等の他語に対する関係を示すのみならず、あらゆる種類の語及び文章の中間にあって両者を連絡させ、意味の強調、濃淡づけ、情意上の繊細な区別、方向の指示、等の役をつとめるのである。これが日本語にとって最も特性的なものであることは、日本人がシナの文章を日本語に近づけようとした最初の試みがヲコト点であることによっても示されているであろう。て、に、を、は、のほかに、こと、と、む、の、す、か、というごとき諸語を表示する点によって、漢語の一々に日本語的な性格を与えた時、漢文は日本語的に読み得るものとなったのである。ところでこの「てにをは」の最も興味深い点は、それがただに知的な関係の表現であるに留まらず、繊細な情意上の区別濃淡を常に多少ともに現わさずにはいないという特徴である。たとえば、「病雁の夜寒に落ちて旅ね哉」という場合、もし第一の文章の主格を純粋に主格として現わすならば、「病雁夜寒に落つ」でなくてはならぬ。

しかるに我々は「病雁の」、「病雁は」、「病雁が」、「病雁も」というごとく、種々なる感情上の区別をもって同じ主格を現わすことができる。病雁はこれらの「てにをは」に従ってそれぞれ異なった性格、異なった背景を持ったものとしてつかまれるのである。のみならず右の句において択ばれている「病雁の」の「の」は、同時にまた「病雁の声」「湖上の雁」「琵琶の湖」「露の命」などの用法に示されているように、所有、場所、命名、比喩等の意味をも現わし得る。我々は「病雁の夜寒に落ちて」と読む時、この「の」が右のいずれでもないことを理解するとともに、右のごとき「の」の意味の余韻を心に感じ、その点からも「病雁は」等という場合とは異なったつながり方を明白に認めざるを得ない。「てにをは」の多義から来るこのような余韻というごときものは、さらに「夜寒に」の「に」においても強く感じられるであろう。「に」は単純にDativを現わすとともに、「山に住む」というごとく位置を、「彼に劣る」というごとく比較を、「夕に死す」のごとく時を、「人に讃へらる」のごとく因の意を、「雪見に行く」のごとく目的を、「雪になる」のごとく変化の方向を、その他なお種々の意を現わし得るものである。「夜寒に落つ」というとき我々は、「夜寒の時に」「夜寒のうちに」「夜寒によりて」「夜寒の地に向かって」等のいずれかの意味に決定して理解しようとしても、他の残された意味の余韻は必ずそこに交響し、またその交響によってこの句の味解が確かにさるるのである。最後の「落ちて」の「て」に至っては、前の文章を後の句に接続する「てにをは」であるとともにまた「落ちつ」という場合の助動詞「つ」の暫止法連用法でもある。「つ」が口語から駆逐された今日においてもこの「て」は有力に生き残っているのであるが、助動詞の暫止法としての「て」の意味は接続詞としても決して失われておらぬ。「春過ぎて、夏きたるらし」という場合の「て」が明らかに示しているように、それは前の文章と後の文章とを接続するには相違ないけれども、後の文章の初めに来るund, and, et, 而、等とは異なり、さしずめは「過ぎつ」という「過ぎ」の時を示す副詞の暫止法として密接に前の文章に結合しつつ、その暫止の意味において次の文章をおのれに結びつける力を持つのである。だからこの暫止のうちにしばしば感情の余韻を響かせ、たとえば連句の第三句の、「水かるゝ池の中より道ありて」というごときいわゆる「て止め」に至っては、ほとんど感動詞と同様の働きをする。「夜寒に落ちて」の場合がやはり同様であって、暫止しつつ接続する「て」はまさしくそこまでの句の感情をなみなみとたたえたものである。かくのごとく「てにをは」は、特に俳句において顕著に生かされているように、感情の表現として実に働きの多いものであって、他の国語にその例を見ない。もちろん右に例示した俳句は、かくのごとき「てにをは」の巧みな活用によって一つの全体的な姿にまとめられたものであり、従って一人の人の運命を暗指するがごとき響きの豊かな芸術的形成となっている。「てにをは」の活用が詩人の大力量に待つことは言うまでもない。しかしここに詩人の働き場所があるということは、かかる文法的構造がそれ自身豊富な感情表現の機能を持つからなのである。

以上のごとき「てにをは」の数の多さ、用法の複雑さは、日本語がいかに情意的な把捉において綿密であるかを示すものであるが、これに加えてなお助動詞の数の多さ、用法の複雑さも、同様な特性の証左と見られよう。たとえば動詞「過ぐ」の過去は、

（一）過ぎつ。過ぎぬ。過ぎたり。
（二）過ぎき。過ぎけり。
（三）過ぎてけり。過ぎてき。過ぎにたり。過ぎにけり。過ぎにき。過ぎたりけり。過ぎたりき。

というごとき多数な形に、なおまた「ぞ」「こそ」の結びをここに数えるとすれば、

（一）過ぎつる。過ぎつれ。過ぎぬる。過ぎぬれ。過ぎたる。過ぎたれ。
（二）過ぎし。過ぎしか。過ぎける。過ぎけれ。
（三）過ぎてし。過ぎてしか。過ぎにし。過ぎにしか。過ぎたりし。過ぎたりしか。

というごとき異常に多数な形に、助動詞によって変化させられる。これは時を遠中近の三段に分別するという以上にさらにさまざまの感情の濃淡差別を表現するからである。それらの表現はその性質上知的に明白に分別され得るものではないが、しかし感情の把捉とその表現とにおいてきわめて敏感であるところの詩人にとっては、これらの相違は直覚的に顕著なものであった。日常の用語においては時代の遷《うつ》るに従ってこれらの相違が失われ、ついにただ一つの「過ぎた」という形をのみ残すに至ったのであるが、しかも詩歌においてはなお依然として右の差別が生き残っている。それは詩人にとって細かな差別が明白であり従ってその表現が必要だからなのである。

　日本語の文法的構造が以上のごとく芸術への方向において異常に進歩していながらしかも学的認識の方向においてきわめて単純であるという特質は、さらに眼界を狭めて単語を観察する時に一層あらわになる。手近い例として「知る」という言葉自身がすでにそれを示している。我々は現代においてこそ「認識」「知識」というごとき新しき日本語を有しているが、しかしかかる語の用いられる以前においてはそれに相応する日本語の名詞は存しなかった。「しる」という日本語は、知る働きを現わす名詞法においても、また知られたる内容を現わす名詞としても、ほとんど用いられてはおらぬ。すなわち「知り」は das Wissen の意味にも die Wissenschaft の意味にもならなかった。しかるに他方で心情を言い現わす動詞は、「恋ひ」「怒り」「悲しみ」「哀れみ」というごとく、きわめて有力に、また多数に、名詞法において用いられ、ついには「恋」「怒」「悲」などと書かれてそれが動詞の名詞法であるということさえ忘られ勝ちになっている。これは「知」と書いて「しり」と読み、それを名詞として用いているのと同様なのである。従って「恋《こひ》をする」「怒《いかり》を抑へる」というと同様に、「知《しり》をする」「知《しり》に努める」などという用法が起こっても好かったのである。しかるにそういうことは全然起こらなかった。ただわずかに「物知り」「わけ知り」というごとき結合形において「知れる者」を意味するのみである。それは「知識」という漢語がかつては名僧知識というごとく道を知れるものすなわち「知者」の意に用いられたと同じく、ただ知る主体にのみ着目して知る作用及びその内容をそれぞれ独立に把捉しようとする志のなかったことを指示すると言えよう。古き日本人は認識に志すことを言い現わす場合に、「道を学び知る」「道をとふ」というごとき表現を用いた。知ろうとする目標も知られる内容も「道」であって「知識」ではなかった。「道」は具象的には人の歩む道、すなわちさえぎるものが取り除かれてある目標への動向を迷うことなく導いて行くものであるが、引いては「道を急ぐ」という用法におけるごとく、その動向そのもの、動き行く途中、を意味する。この具象的なる道の意味が精神的なる目標への動向を言い現わすために流用せられ、具象的に道を問い道を歩むという姿をもって精神的の道を問い道を歩むことを表現するのである。だから「道」は最も重い意味においては「人倫の道」及び「悟りの道」であった。実践行動の立場において人の歩むべき道及び究極の解脱に向かえる道、それが知ろうとして学び問うところのものであった。かかる道は常に「動きかた」「方法」であって、目標そのものではない。目標は動きかたを支配し導くものではあるが、しかしそれは動きかた自身の方向としてであって動向と別に先方にあるものとしてではない。悟りの道の「悟り」は道の行く手にある目標ではなくして「道を悟ること」である。解脱もまた目標ではなくして「道の悟り」をその用に即して言い現わしたものに過ぎぬ。解脱によって人は道を問うことの終わりには達するであろうが、しかしそこで人は道の終わりに達するのではなく、むしろここにおいて真に道に入るのである。道に入った人はこの道を絶えず往きまた還るのであって、常に究極を指しつつも究極に達して終わるということはない。かかる「道」を知ることが単に知的な問題ではなくして実践と密接に結合したものであることは言うまでもないであろう。だから「道を学ぶ」ということは、たとえば絵の道を学ぶというごとく、「仕方をまねる」の意味に用いられた。かかる事情から考えれば、「知り」が「知られたること」の意味に用いられずしてただ「知れる者」の意味にのみ用いられたということは、当然の成り行きであったと言ってよい。

が、さらに一歩を進めて考えれば、「しる」という日本語は必ずしも観照的な認識の働きをのみ指しているのではない。それは古き用法においては「司る」「領する」というごとき実践的な支配を意味した。すなわち人間の実践的な交渉において、人々を結びつけ、統一し、指導すること、さらにかかる実践的連関の下に立つ人々が、手近な物との交渉において、それを「何のために」の下に支配すること、それらが「しる」ということの最も根源的な様相であった。そうしてみると、言語が優れたる文芸を作り出すほどに発達した後にも、「しる」ということはなおその根源的な実践の地盤を脱してはいないのである。しかしだからと言ってこの語が全然実践的な地盤に埋没して何ら観照的認識の意義を帯びていなかったというのではない。この点について我々に教えるところの多いのは、「いちじるしい」という言葉として現在なお有力に用いられている「しるし」という形容詞である。この語は「しる」から出た語であって、明らかに知られているさま、隠れなきさまを言い現わすものである。ところでこの「明らかに隠れなく」という意味がここにあらわにされるためには、この意味が本来「しる」という語に含まれていたのでなくてはならぬ。梅花の匂いが「闇にもしるし」と言われる場合、この匂いは感覚的に我々に領せられるがゆえに、すなわち「しられる」がゆえに、隠れなくその有を示して「しるし」と言われるのである。しからば「しられる物」たる匂いは、我々に領せられることにおいて、すなわち「しられること」において、あらわになる。しかし「しられること」は梅が香自身に属することではなくして、梅が香と感覚的に交渉する我々自身、すなわち「しる者」に属することである。そこで梅が香自身は単に主観的なものでないにかかわらず、ただ「しる者」が「しること」において、すなわち領し司どることにおいて、あらわになってくるのである。我々の有つものが有るのであるということ、所有物が有るところの物であるということは、ここにも示されていると言ってよい。

「しること」においてそのものが「しるし」となるという関係は、たとえば「道を知る」というような用法においても見られる。道を知ることは「道に明るい」ことである。その人が道に関して正しい表象を持っているというのではなく、彼において道が明らかにあらわにされていること、従って道がわかっていることをいうのである。「彼は道がわかっている」というような日本語独特な表現は、必ずしも文法的な不正確によるのではない。

一般に「しる」ということが己れに「むかひ立つもの」と己れの内の働きとの合一関係であるという考えは、日本語には強くは現わされておらぬと思う。元来「むかふ」という語は「向き合ふ」の意である。「向く」は面向く《おもむ》（趣く）、偏向く《かたむ》（傾く）などに示されているように、単にただ方向を指示するに留まらず、その方向への動きを現わしている。また「合ふ」は二つのものが相近づいて、単に対立するのみに留まらず、合して一つになることを意味する。そうすれば「むかふ」とは、対立とともに合一を現わすのである。すなわち「向ふ」はまた「迎ふ」であって、両者が合一を目ざしつつ動き近づくことをも意味するようになる。だから「向ひ立つもの」と己れとは、まず初めに固定的に対立せるものとしては把捉せられておらぬ。従ってそれが知ることにおいて初めて統一せられるというわけではない。向かい立つとは己れに対する独立をのみ言うのでなく、己れと出合うことを言うのである。己れの向かい行く係わり方において向かい来るもの、それが向かい立つものである。そうなればこの語によってGegenstandと同じ意味を現わすことはできぬ。一般に主観に対立するものとしての対象を現わす語は、本来の日本語には存しない。「もの」は客観としての「物」を現わし得るとともにまた主観としての「者」をも意味し得る。こういう事情の下にあっては、「知る」という語が対象の認識という概念へ発展すべき契機は、はなはだ乏しいのである。むしろ「情を知る」「人と知り合ふ」というごとき用法に示された体験了解、相互了解の意味が重きをなし、人間的存在をあらわにすることを主たる方向としているように思われる。

以上のごとく日本語には理論的認識への強い性向は現われておらない。だから日本人がこの方面においてなした仕事は、日本語をもって表現せられなかった。そのことがまた日本語のこの方面における発達を阻害した。しかしこの方面の未発達は日本語が全体として発達の度の低いものであることを示すのではない。日本語は情意的体験の表現において優れ、知的の分別において劣っているのである。このことはまた日本語が一定の思想的立場によって硬化させられることなく、体験の表現としての新鮮さ、豊富さ、弾力性などを著しく保持していることをも意味する。もし近い将来に日本語をもって思索する要求が現われてくるならば、日本語はその永い歴史の後に初めて体験の表現から概念への進展を経験することになる。それはドイツ語がゲーテやヘーゲルの時代に経験したことであった。日本語はそれに比して一世紀半遅れているのである。

## 三　日本語と哲学の問題

日本語がその純粋な形においては学的概念の表示として用いられること少なく、しかもそれが日本語の文法的構造の特質とも一致するとは言っても、それは日本語において表現せらるる体験が学的概念として理論的に純化発展させられ得べきものを含まないということを示すのではなく、ただ事実上日本語が芸術的方向において著しく発展させられながら理論的方向における発展の可能性をただ可能性としてのみ内に蔵していたということを示すに過ぎない。すなわち日本語がかく「あった」ということはかく「あり得る」ことを没し去るものではない。たといいかなる過去を背負っているにしても、日本語は我々自身が現に日々の生活において使用しているものである。従ってそれはすでにできあがった「もの」として我々の前にあるのではなく、我々自身の具体的な不断なる自己解釈の過程として、我々自身がそれにおいて自己の理解性を分岐し我々相互の間に理解を分かち合うところのその我々自身の有り方を外にあらわした有りさまとして、あるのである。だからそれは歴史的な一定の性格を持ったものとして、日常的通俗的な用法において「すでにある」とともに、またその本来あるべきものになり得るものである。かかる可能性の視点のもとにのみ我々は、「すでにある」日本語がただ個性表現の方向においてのみ示している体験の豊かさを、同時にまた理論的な方向にも純化発展させられ得べき体験の豊かさとして理解し得るに至るであろう。しかし我々は可能性の視点のもとにただ日本語を「ながめる」ということはできない。日本語はながめられるものではなくして我々自身の有り方である。だから可能性の視点のもとに日本語を問題とするということは、我々自身が日本語としてすでにある有り方を背負いつつ日本語としてまさにあるべき有り方になることでなくてはならぬ。言いかえれば集団的歴史的体験の表現過程としての日本語において理論的に純化発展させられ得べきことを、自ら純化発展させてみなくてはならぬ。それは純粋なる日本語の意味を頼りとして（すなわち言語の意味に存せざる概念内容を他より持ち込むことなく、）自ら問い自ら思索することにほかならない。

我々はこの思索を直ちに哲学の根本問題に結びつける。そうしてそれを日本語によって問うてみる。「あるということはどういうことであるか。」――もとよりこの問いが哲学の根本問題であるか否かについては論議が起こり得るであろう。が、その場合にはこの問題がギリシアの哲学において中心問題とされたこと、あるいはヘーゲルの論理学に偉大な形で現われていること、等の二三の事例をもって満足してもよい。あるいは「あるということが哲学の真正な唯一の問題である」という問題の設定を、最後に立証され得るものとしてあらかじめ前提しておくのでもよい。――とにかく我々は問うてみる、「あるということはどういうことであるか。」

これはきわめて平易な、日常的な日本語の問いである。しかも我々はこの問いを形作る日本語自身がすでに重大な四つの問題を含んでいることを見いだす。第一は「こと」である。何ゆえに我々はこの問いを「あるというものは……」として問うことができないのであるか。「こと」を問うのは何ゆえであるか。総じて「こと」と「もの」とはいかなる差別を持つか。第二は「いうこと」である。何ゆえにこの根本的な問いが「いうこと」を問うて「すること」を問わないのであるか。「いうこと」と「すること」とはいかなる差別を持つか。第三はこの「いうこと」を何人がいうかである。日本語は動詞自身において人称の別を示さない。「いう」のは「われ」であるか、「なんじ」であるか、「ひと」であるか。もしそれが文章の意味から理解せられるとすれば、言葉自身の明白に示さないことがいかにして理解せられるのであるか。第四は「ある」である。「ある」ということを問う場合にすでに「……であるか」として問うのは何ゆえであるか。問わるる「ある」と問う「ある」とは同一であるか、異なっているか。異なっているとすればどう異なっているか。

　これらの四つの問いは「あるということはどういうことであるか」という問いを形成する言葉自身の含む問題である。我々はこの本来の問いに達する前にまずこれらの四つの問題を解かなくてはならぬ。が、これらの問題は実は本来の問いに本質的に属するものである。だからこれらの問題を順次に考察することによって、恐らく本来の問いに対し日本語が与える解答を探り出し得るであろう。

## 四　「こと」の意義

まず第一の問い、――「こと」とは何であるか。「こと」と「もの」とはいかなる差別を持つか。「こと」を問うことは「もの」を問うことといかに相違するか。「こと」の語義には大体三つの方面がある。**一**は「動くこと」「見ること」というごとく動詞と結合してある動作を現わし、あるいは「静かなること」「美しきこと」というごとく形容詞と結合してある状態を現わすと言い慣らわされている方面である。**二**は「変わったことが起こった」「何かことがあれば」というごとくある出来事を、従って歴史的事件を現わすと言われる方面である。さらに**三**は「あることを言う」あるいは「考える」というごとく「言われ考えられること」を現わす方面である。我々はこれらの語義の差別、従ってまたその統一において、「こと」が何であり「もの」といかに相違するかを探ってみなくてはならぬ。

**一**　「こと」は動作や状態を現わすと言われる。しかし果たして「こと」という言葉自身が動作あるいは状態を指示しているであろうか。「動くこと」という場合にそれが動作を現わすのは「動く」という言葉が動作を意味するからであって「こと」自身は動作にかかわるところがない。それは「静かなこと」が「静か」という語によって状態を示すのであって「こと」とかかわりがないと同様である。「こと」自身は動作でもなく状態でもなくただそれらの動作や状態がそれとしてあることを示すに過ぎない。ここにまず第一に「こと」が「もの」からおのれを区別する。「動くもの」という時には「動く」という動作はただそれとしてあることを示されているのではなく、そのものの動作として「もの」をその中味において増大するのである。だから「動くもの」は「動く」という動作を持つ意味において、その動作の「それとしてあること」を示すところの「動くこと」にもとづくと言わなくてはならない。「動くこと」は「動くもの」の「動くこと」として「動くもの」に属するとともに、また動く「もの」を「動く」ものたらしめる「こと」にほかならぬのである。

かくのごとくある動作あるいは状態においてあるものがこれらの動作あるいは状態のそれとしてあることにもとづくとすれば、何らかの動作あるいは状態を払い去ってただ「あるもの」を考えるとき、それが同様に「あること」にもとづくと言わなくてはならないであろう。「あるもの」においては「ものがある」のであり、ものがあるためには「あること」がすでに予想されなくてはならぬ。「あること」は「あるもの」

の「あること」であるとともに、またある「もの」を「ある」ものたらしめる「こと」である。かくて一般に「こと」は「もの」に属するとともに「もの」をたらしめる基礎であると言い得るであろう。

この「もの」と「こと」との関連はさらに詳しい考察を必要とする。元来「もの」とは「物」という漢字をあてて考えられているように、ただ物理的なるもの物質的なるものをのみ意味するのではない。幻視せられたるもの、空想せられたるものというごとき全然心理的なるものも、神というもの人格というものというごとき全然非物質なるものも、すべて「もの」である。総じて存在しあるいは存在せざるいかなるものも「もの」でないものはない。さらに我々は「もの言う」「もの思う」「もの寂しい」「もの語り」「もの知り」というごとく、言い、思い、知り、感ずるあらゆる精神活動に「もの」を結合する。しかもこの「もの」が「こと」とは異なり、「こと」にもとづいて成り立つとはいかなる意味であろうか。「もの」を「もの」として限るのは何であり、また何ゆえにそれが「こと」にもとづかねばならぬのであろうか。この疑問を解決するものは、思うに、志向性の視点のほかにはないであろう。「ものいう」「もの思う」というごとき用法においては、言われるもの、思われるものは不定であって、言い思うことの内容に何の限定をも与えず、従って「いう」「思う」という場合と意義上何の差別もないものであるが、しかもここに「もの」の語の付加さるることが要求され、はなはだしきに至っては「もの知り」「もの語り」「もの見」などのごとく「もの」の語の付加によってようやく動詞の名詞法が存立するというのは、明らかにこれらの言葉が「……を言う」「……を思う」「……を知る」「……を語る」「……を見る」というごとき何ものかへの志向を本来含んでいるがゆえにほかならぬ。かくのごとき志向性がすでに（無自覚的ながらも）理解されていたと見なければ、「……を言う」というごとき書き方によって現わされると全然同じ意味を「もの言う」という言い現わしによって現わし、しかもそれが一般的に使用せられていたゆえんは解し難いものとなるであろう。意志と訳さるるWilleに相当する言葉を持たない日本語が、「心ざす」という語において「心があるものをさす」という心の志向的構造を明白に捕えているのも、決して偶然とは言えない。「もの」とはまさしく志向せられるもの、心の指《さ》すものにほかならぬ。「物」の意味においては「見られるもの」「触れられるもの」等であり、心理的なるものの意味においては「思われるもの」「考えられるもの」等にほかならず、精神的なるものも「愛せらるるもの」「信ぜらるるもの」等であって、すべて「見ること」「思うこと」「信ずること」などの指すものでないものはない。ここにおいて我々はおのずから「こと」と「もの」との構造的連関を理解し得るであろう。「見ること」の指《ゆび》さすところに「見らるるもの」がある。「見らるるもの」は「見らるること」あるいは「見られてあること」において成り立つ。かくのごとく「見ること」が「もの見」としてすでに「もの」への志向をふくみ、見らるるものが志向せられたるものとして「見られてあること」においてすでに主観的ならざるものとして見いだされているとすれば、「こと」は「もの」の「こと」であるとともに「もの」の見いだされる地盤でなくてはならぬ。

**二**　「こと」の語義にはさらに「出来事」「事件」の意味があり、そこから歴史的な事件の契機としての「仕事」「しわざ」「行ない」の意味も出てくると考えられる。たとえば「ことがある」、「ことが起こる」、「ことになる」というのは前者であり、「ことをする」というは後者である。しかしここでも我々は「こと」が直ちに「事件」「行ない」そのものであるか否かを反省してみなくてはならぬ。たとえば電車と自動車とが衝突したという一つの「事件」において、電車や自動車は「もの」であって「こと」ではない。またこれらのものの「疾走すること」は、すでに「動くこと」について言ったように、疾走そのもののそれとしてあることを示しはするが、疾走そのものではなく、従ってこの事件の要素ではない。衝突を引き起こしたのは「こと」としての疾走ではなく「もの」としての疾走である。同様に衝突もまた「ものの衝突」

として「もの」を述語する「もの」である。しからばこの「事件」において通例事件の内容として考えられることは皆「もの」であって「こと」ではない。しかも我々は電車と自動車とが衝突した「こと」を認める。この「こと」は右の種々なるもの及びそれらの関係の全体において存する一つの「こと」であり、そうしてそれは「もの」と離して話しまた伝え得られるのである。しからば「こと」は通例の意味の事件においてて存する「こと」ではあるが、事件そのものではない。同様に、人の「行ない」においても、その人が身体を動かし、何ごとかを言い、何らかの感情意志を表白するというその動作そのものは、見られ感ぜられる「もの」であって「こと」ではない。「こと」はこれらの動作に属し、しかもその動作の基礎となる「こと」である。人は「ひどい行ないをする」、たとえば他の人をなぐる。なぐるという動作そのものは「こと」ではない。が、それが「ひどい行ない」であるためにはすでに「ひどいこと」が理解せられていなくてはならぬ。だから「ひどい行ないをする」のが「ひどいことをする」と同義に解せられるのは、かかる「もの」として動作に属する「こと」が「行ない」の本質として理解せられているからにほかならない。しからば通例の意味の行ないそのものが直ちに「こと」なのではなく、「行ない」において行なわれること、せられること、すなわち行ないにおいてあらわにせられている「こと」が、本来の意味の「こと」である。

「事件」「行ない」等として解せられる「こと」の意味が右のごとくであるとすれば、かかる「こと」は一の意味の「こと」とは一見したところ明白な相違を持つように思われる。たとえば「私が見ることになった」、「思うことをする」というごとき場合には、この「こと」は「見る」「思う」などの作用をそれとしてあることとして示すのではなく、従って「私」が志向作用としての「見ること」「思うこと」になりあるいは行なうというのではない。私が何ものかを見るという「事態」になったのであり、また思うという作用に志向せられている「こと」を行なうのである。しからばかかる「こと」は「もの」といかなる関係に立つであろうか。「見ることをきらう」、「変わったことを見る」、「仕事を思う」などと言われ得るとすれば、かかる「こと」は志向せられたるものとしては「もの」と同一の性格を持つのではなかろうか。

まずここに出来事の意味の「こと」を捕えてみよう。現在の用法においては出来事はほぼGeschehnisに当たる意味を持っている。日常生活において何らか目立つ事件はすべて出来事である。特にそれは「出来心《できごころ》」という用法と同じく突発の事件を現わす意味をも強く担っている。しかし本来の意味においては言葉通り「出で来ること」であって突発と否とを問わない。「学人の錯《あや》まり出で来る」、「かくのごとき事も出で来る」というごとき古き用法の示すごとく、「出で来る」は生ずる、起こるの意味であって、しかも最もあらわに生起の本質を現わした言葉である。あたかも肌に腫物が出来るように、「こと」もまたどこよりか出で来る。そうしてどこへか過ぎ去って行く。しからば出来事としての「こと」は時間を本質とすると言うべきであろう。この意味においては「出で来る」のは何人の作為をも待たず、何人も左右し得ないこととして、自ら生起し経過することである。従ってそれは何人かが「すること」とは明白に異なっているように見える。しかもこの「出で来る」はただ時間的生起をのみ意味するのではない。我々は最も普通に「私は見ることが出来る」という。この句においてて「出で来る」主格は明らかに「見ること」である。「見ること」が「出で来たる」のである。私は……出で来ると解すればこの句は全然無意味に陥るのほかはないであろう。「は」という「てにをは」は単に主格を示すのみならず、あるものをそのものとして他より区別し明らかに指示する意味を持つ。「私は」という時、それは「見ることが出来る」という現象の起こる場面を指示設定するのである。しからば右の句は、「私において、見ることが出で来る」（私に……出来る）の意味でなくてはならない。しかもそれが、「私は見ることをなし得る、あるいはなし能う」の意味と同視されるのである。かくのごとく「ことが出来る」と「ことをなし得る」とが同義であるところに、前に言った出来事の時間的意義がその真相においてあらわにされて来ると言うことができる。というのは、「ことが出来る」とはあることの可能性を意味しつつ、同時にまたその可能なることが何人も左右し得ない生起としての性格を帯びつつ我々に出で来ることをもともに意味するからである。たとい日常の用法において、「私はあることが出来る」と「大変なことが出来る」とが、可能と生起との意味に区別されて用いられるとしても、「ことが出来る」がその本来の意味において両者をともに含んでいることは覆い難い。しかしここに注意すべきことは、「ことが出来る」場面として「私は」あるいは「何人かは」が存すると否とによって、右の可能と生起との分離が起こり、または起こらざることとである。「町に変わったことが出来た」という場合と「私には変わったことが出来た」という場合との比較がそれを明らかに示すであろう。前者においては単純にただ「こと」の起こったことのみが意味せられるのであるが、後者においては「こと」が起こったことのみならず私がそのことをなし得たことも意味し得るのである。従って「町に変わったことが出来る」という現在形の用法は「私に変わったことが出来る」という場合ほど通例には用いられはしない。なぜなら「町」が人々の団体を意味しない限りそれは何ごとかをなし得るものではないからである。かくて「こと」は何人かにおいて出で来る場合にのみ、何人も左右し得ざる生起でありつつしかも可能的であるところの、負荷的可能性を意味すると言うべきであろう。

ここに我々は出来事としての「こと」と仕事としての「こと」とが密接に連絡するのを見る。前者は「ことが起こる」のであり、後者は「ことをする」のであるが、しかし「ことが起こる」のは「ことが出来る」のであり「ことが出来る」のは何人かにおいて初めて充分な意義を発揮し得るとすれば、それは「何人かがする」のであるところの「ことをする」と同一の地盤に存することになる。「善いことをする」という場合の「こと」は何人かにせられること、すなわちその人の行ないにおいてあらわにされる「こと」を意味するのであるが、それはその人において「善いことが出来る」ことにほかならず、「善いことが出で来る」ことはすなわち「善いことが起こる」ことである。歴史的に起こるすべてのことは、それが「出で来る」という本質においてある限り、何人かが為して「得る」あるいは「得ない」という自由の下に関係する「こと」にほかならない。しかしこの「ことが出来る」地盤としての人が眼界から失われたときに、「ことが出来る」という言葉の現わす可能性の意味は失われ、「出来事」はただ偶然に、何人の自由とも関係なく、おのずから「出で来たり、起こる」こととして、「ことをする」という意味の「こと」とは明白に離れることになる。かかる意味の「出来事」は「こと」の本来の意義を失ったものとして、本来の「こと」から区別されなくてはならぬ。

かくのごとく「こと」は、我々自身において出来ることとして、すなわち我々自身に生起する可能的なることとして、その本質を示している。ここにこの「こと」が一の意義の「こと」といかに関係するかも見いだされ得るであろう。そこではたとえば「ものを見ること」、見らるるものの「見られてあること」が「こと」であった。しかしかかる志向作用や志向性は志向するもの、「心ざすもの」としての我々自身の「かかわり」「ふるまい」に属することである。我々自身の「かかわり」「ふるまい」がすでに初めよりかかる志向的構造を持っているのである。だから我々自身の可能的なる「こと」が我々の「かかわり」「ふるまい」となって現われるときに、そのかかわり方ふるまい方すなわち仕方として一の意味の「こと」が存するのである。だからたとえば「私が見ることになった」という場合には、「私に出来ることとしての見るということを私のふるまいとして現わすように定められた」のであり、かかる私の自由な「ふるまい」「かかわり」としての「見ること」は何ものかを見ること、及びその見られてあるものの見られてあることを、すでにその「仕方」として含んでいるのである。かく見れば一の意味の「こと」は二の意味の「こと」の仕方として後者において存立すると言わなくてはならぬ。

では「見ることを願う」、「仕事を思う」などのごとく、「見ること」「仕事」などが「願う」「思う」などの志向作用の対象とされるのは何ゆえであるか。私の自由な「かかわり」「ふるまい」としての「見ること」「仕事」がさらに志向せられるものとなり得るならば、かかる「こと」は「もの」とどこに相違があるか。ここに我々はまず「こと」が重々相重なっているのを見わけねばならぬ。「ことを願うこと」「ことを思うこと」において、願い思う「こと」はまず私の自由な「かかわり」「ふるまい」であり、その仕方として「……を思うこと」「思われたるものの思われてあること」があり、さらにその「思われたるもの」としての「こと」がある。この最後の「こと」がここに問題となるのであって、たといそれが仕事であり行ないにおける「こと」であっても、願い思うという現前の「こと」の構造中においては「願わるるもの」「思わるるもの」にほかならぬと考えらるるのである。しかも我々は「ことを思う」「ことを願う」という表現を明らかに「ものを思う」「ものを願う」という表現から区別する。この区別に根拠があるならば、「志向せらるるもの」がすべて「もの」なのではなく、「もの」でなくしてしかも志向せられることがあるということを許さなくてはならぬ。ではその区別は何にもとづいているであろうか。右にあげた例が示しているように、我々自身の自由なる「ふるまい」「かかわり」である「こと」は、それがさらに志向せられる時にも「もの」とは呼ばれ得ない。たといそれがただ一つの意味として考えられ言われる場合でも、それはあくまでも「こと」である。かくして「こと」は我々自身の可能的なる「こと」に根ざすものとして自らを「もの」から区別する。

しかしながら、「こと」の地盤としての我々自身がまた「もの」(者)である。すなわち我々は「見るもの」であり「思うもの」であり「行なうもの」である。かかる「もの」はもちろん見られるもの感ぜられるもののごとく志向せられたものではない。従って見られる肉体や認識される心理作用としての人ではない。かかる意味の我々、あるいは人間は第一次に「もの」として「こと」において見いだされるものに過ぎないのである。しかるに今やここに到達した「もの」は「こと」において見いださるるのではなく、あらゆる「こと」がそれにおいてあるものであって、一において区別せられた「もの」とは根本的に異なる。かかる特殊なる「もの」の構造を理解することによって「こと」ははじめてその真相において理解され、またいかにしてかかる「こと」の理解が可能であるかも明らかにせらるるであろう。が、ここではまずただ、「もの」――「こと」――「もの」の相違と関係を指示するに留める。

三　「こと」はさらに「言《こと》」を意味する。「むずかしいことを言う」と言うごとく、それは「言われること」である。かかる「言葉としてのこと」は右に考察した「こと」の意義といかに関係するか。「言う」はすでに言ったように「……を言う」であり「もの言う」であって、そこには「言うこと」と「言われるもの」と言われるものの「言われてあること」とが認められるはずである。しかも我々は「むずかしいことを言う」とは言っても「むずかしいものを言う」とは言わない。「むずかしいもの言い」、あるいは「むずかしいものの言い方」は必ずしも「むずかしいことを言う」のではなく、きわめて平易なことをもどもりはきわめてむずかしいもの言いによって言う。しからば言われるのは「もの」ではなくして「こと」であろう。「言うこと」という言い現わしがすでに「言う」という「こと」のほかに「言われること」を意味している。「お前の言うことはわからぬ」という場合には、お前のふるまいとしての「言うこと」がわからないのではなく、お前によって「言われること」がわからないのである。かくのごとく「もの言う」という言い現わしによって現わされた「言う」の志向性が実は「もの」を志向せずして「こと」を指向しているとすれば、この「こと」は「言葉というもの」ではなくして、「言葉というもの」によって現わされる「こと」でなくてはならぬ。このことは次の例によって明らかに示されるであろう。

「私はいやだ」、「そんなことを言うな」、という問答において、「そんなこと」とはそこに使われた言葉をさしているのではない。「いやだ」という言葉を「気がすすまぬ」「私は断わる」というごとき言葉に置きかえても、「そんなこと」として指している「こと」は変わらない。この場合の「こと」は右のごとき言葉のいずれによっても表現され得る「私の否定的な態度」すなわち「私のふるまい」である。私は「いやだ」と言うことによって、(すなわちいやだという言葉を言うふるまいによって)、何かを否定するというふるまいを表現するのである。「言うこと」はこの二重のふるまいを意味している。

　かく見れば「言《こと》」の意味における「こと」もまた前に言った「こと」と異なったものではない。日常の会話において「あの男はいうこととすることとが合っていない」ということを非難の意味において語るのは、すでにいうこととすることとが「こと」として本来一であるべきことあるいは一であり得ることを理解しているのである。我々は「かつてしたことを再びする」、あるいは「かつてしたことを人に言う。」さらにまた「常に言うことを自らする」、あるいは「常に言うことを彼にも言う。」すなわち同一の「こと」はすることもいうこともできるのである。ここに本質的に区別さるべき何ものもない。

しかも我々は「言《こと》」としての「こと」が「事」として「こと」と全然区別され得ないとはいうことができぬ。「言」「事」というごとき漢語をあてはめて区別することが――たとえばすでに古代において「ふること」が「旧辞《ふること》」とも「古事《ふること》」とも書きしるされたごとく――そのことがすでにここに区別の認められていることを明示する。それでは「言《こと》」の特性はどこにあるか。それは「言《こと》」が人々の間に話され、聞かれ、理解されるというところにある。人はその「したこと」を人に話すことはできる。しかし話すのは「したこと」自身ではなくして「言《こと》」においてあらわにされた「したこと」である。かくのごとく「こと」が「言《こと》」においてあらわにされ、従って人々の間に分かち合われるというところに「言《こと》」の特性が認められねばならぬ。このことはすでに「こと」の語義に、「ことごとしく」というごとくあらわに目立つという意味、あるいは「こと」（殊、異）というごとく他と異なって目立つという意味が存することとも何らかの関連を持つであろう。しかしながら「言《こと》」のこの特性は、それが本来「こと」の性格として存するのでないならば、「言」と「事」とが本質的には同一であるとの前言を覆《くつがえ》すことになる。「こと」が本来「あらわにする」という性格を持ち、それが「言《こと》」として現われるのであるとき、初めて「言《こと》」が本来の「こと」でありつつしかもそれ自身の特性を持つゆえんが理解されるのである。

「こと」は我々のふるまいであり態度である。しかもそれは「言《こと》」において示されるように、「あらわにする」という性格を持つ。しからば我々自身のふるまいはそれ自身すでに「あらわにする」、「何ものかを見いだす」という性格を持つのである。かかるふるまいの構造としての志向性において、すなわち「こと」において、「もの」がすでに見いだされているのは、「こと」がかかるあらわにする性格を持つことにほかならない。ここにおいて我々は我々自身のふるまいにすでに「あらわにする」性格の存すること、あるいはそれ自らのすなわち「こと」の了解の存することを認めなくてはならぬ。「こと」はこの了解性の分岐として、すなわち「わけ」「わかり」として、「言《こと》」となって現われる。かく見れば「こと」がまた「言《こと》」でもあるということは、「もの」――「こと」――「もの」の関係において、「言うもの」として我々自身である「もの」が、それ自身の構造において「こと」の了解を持つこと、従って「こと」は、あらゆる「こと」の地盤としての「もの」（者）の自己了解性にもとづくということを示すと言えよう。

「こと」の三つの語義は以上のごとく「もの」と「こと」との差別を示し、さらに「こと」の地盤としての特殊なる「もの」（者）を指示する。ここに我々はほぼ第一の問いに答え得たかと思う。「こと」と「もの」との差別は第一次には志向せられたるものと志向性との間の差別であり、第二次にはこの志向性とその地盤たるものとの差別である。前者においては「こと」が「もの」の基礎にあり、後者においてはさらにこの「こと」が一層基礎的な層において「もの」に基づく。かかる差別を眼中に置けば、「あるということ」を問うのは「有るもの」の基礎を問うのであるとともにそれ自身必然的に己れを基礎づける「もの」への問いに入り込まねばならぬ。この点において「もの」を問うとは根本的に異なる。一切の物理的なるもの、心理的なるもの歴史的なるもの、社会的なるものへの問いは、そのものを基礎づける「こと」を顧慮することなく、ただ「もの」と「もの」とを区別しその間の関係を探り、「もの」を「もの」として明らかに定めればよい。しかるに「こと」を問う場合には人はまずこの「こと」を取り出さねばならぬ。「こと」はそれ自身あるものではなくして、ただ有るものに属せることである。だから有るものから「こと」をわけ、「もの」の境内から原理的に出離してこの「こと」の中に入り込まねばならぬ。かかる「こと」は「もの」をあらしめる基礎として「もの」よりも先である、すなわちアプリオリである。しかしながらかかる「こと」は、ただものへのかかわりの根本に存する「ことの了解」においてのみ我々に与えられる。この「ことの了解」はそれ自身「人というもの」の有り方において現われる。ここにおいて「こと」を問うことは、「もの」への問いが真実には問うことをしないこの特殊なるものの構造を明らかにしなくてはならなくなるのである。

## 五　「いうこと」の意義

第一問において我々は「こと」と「もの」との差別を明らかにした。日本人はそれを問題化しはしなかったが、しかし日常の用法において明らかに使い分けているのである。従って我々は「こと」を問う学問と「もの」を問う学問とを区別することができる。前に我々が哲学の根本問題として掲げた問いは、明白に「こと」を問う問いであった。従って哲学はまず第一に「こと」の学である。しかしながらその問いは、「あるということはどういうことであるか」と問うのであって、「あることはいかなることであるか」と問うのでない。すなわち問われるのは単にただ「こと」であるのみでなくまさに「いうこと」であった。ここに第二の問いが始まる。何ゆえに我々は「あること」ではなくして「あるということ」を、しかもいかなること（いかにあること）としてではなく「どういうこと」として、問うのであるか。

一　「こと」の第一の語義に従えば、「あること」は「あるもの」の「あること」であるとともに、ある「もの」を「ある」ものたらしめる「こと」であると言うことができる。しかしこの場合には「あること」と「あるもの」とは厳密に「有ること」と「有るもの」との意味であって、「或ること」「或るもの」の意味を全然顧慮しておらないのである。しかるに日本語においては、「あること」「あるもの」はそのままに「或ること」「或るもの」なのであり、しかもこの用法の方が通例なのである。そうしてそこには充分の根拠が見られる。総じて「有ること」は何らか限定せられてあるのであって、何らの限定もない一般的な「あること」はどこにも見いだされない。限定せられてある限りそれは「或ること」である。同様に限定せられてあるものもすべて「或るもの」である。この事を無自覚的に示しているのが「ある」という語における「或る」と「有る」との両義にほかならない。「或る」は本来「あり」の分詞法「ある」であって、これに「或」や「有」を当てるのはただそれぞれの場合の意味に従ったまでである。しかもその両義の間にも相通ずる所があって判然たる区別を要しなかった。だから古人は「或人《あるひと》」「或時《あるとき》」の代わりに「有人《あるひと》」「有時《あるとき》」などと記し、また「或人来りていふ」と言い現わす代わりに「人有り、来りていふ」などと言った。かくのごとく「ある」の語は「有る」の意義を失うことなくして「或る」の意義をも担うのである。何ゆえかかることが起こり得たか。それは一般に有ることと有るものがすべて限定せられてあるからである。たといその限定が特定のものとして指示せられ得ないとしても、とにかく何らかの限定を持っている、すなわち不定的ながらしかも限定せられている、それが「或る」の意味である。かくのごとく「有り」の語に初めより限定の意味を含ませたということは、充分の注意に価することであろう。普遍は必ず特殊において普遍であるという真理が、ここには直接に了解せられていたのである。

かく見れば我々が最初問題にした「あること」と「あるもの」——すなわち「或ること」「或るもの」の意味を全然含まない一般的な「有ること」と「有るもの」——は、「あること」「あるもの」という日本語の一面をのみ捕えたのであって、その含蓄全体に対する正しい取り扱いとは言えない。しからば「或ること」「或るもの」の意味を含まない一般的な有ることと有るものを言い現わすためには、我々はいかなる言い現わしを用いているであろうか。

前節において考察した所によると、「動くもの」においてはその「もの」が動くのであるが、「動くこと」においては「こと」が動くのではなくしてただ動きがそれとして示されているのである。しからばそれと同様に、「有るもの」においてはその「もの」が有るのであるが、「有ること」においては「こと」が有るのではなくしてただ「有り」がそれとして示されているのであると言い得られるであろうか。否、「有る」という語に関する限り事情は異なっている。「有ること」は明らかに「こと」が有ることを指示するのである。「有ること無いことをしゃべり散らす」とか、「こと有り彼に告ぐ」とかと言われる場合、何らか限定せられた「こと」が有る、のであり、従ってそれは「或ること」である。そこで「有り」をそれとして示し得るためには、単に「有ること」とのみ言わずして、「有るということ」と言い現わすことになる。かくすればこの「有る」はもはや「或る」の意味を担うことができない。そうしてみれば「という」という語はちょうど定冠詞のように限定せられざる一般的なものを表現し得るのである。たとえば「子供はもう帰ったか」と言えば一定の子供を指しており、「子供でも悪戯をしたのだろう」と言えば或る子供を指しているが、「子供というものは」と言えば子供を一般的に意味する。

右のごとく「有り」を一般的に言い現わすためには「有るということ」と言わねばならない。しかるにここに注目すべき現象がある。我々は「有るもの」を一般的に言い現わすために、「有るというもの」と言っているであろうか。明らかにそうでない。なぜであろうか。「有り」はことであってものではないからである。「という」の語を挿む両項はともに「こと」であるかあるいは「もの」であるかでなくてはならない。「子供というもの」においては子供もまた「者《もの》」である。「見るということ」においては「見る」は「こと」である。同様に「有る」はことであるがゆえに、「有るというもの」とは言えないのである。「有るもの」を一般的に示すためには「有るところのもの」と言われる。「あるところ」はすなわち「所有」であり、古くより「あらゆる」と読まれていた。「あらゆるもの」は「或るもの」の総体である。かかる意味からして「有るところのもの」が有るもの一般を意味し得るのである。

ここにおいて我々は「有ること」と「有るもの」との差別を正確には「あるということ」と「あるところのもの」との差別として言い現わさねばならない。哲学の問題が「あるということ」を問うゆえんはここに存する。「或ること」を問えばそれはもう最も根本的な問いとは言えないからである。

**二**　しかしながら右のごとく「あるということ」という言い現わしが「あること」から「或ること」の含蓄を洗い去って限定せられざる「有り」を一義的に示すと言い切るのはまだ早まり過ぎる。前に「こと」の第二の語義として出来事、仕事というごとき場合の「こと」が我々自身の係わり・ふるまいであることを明らかにした。それに従えば「あるということ」はあるというふるまい、たとえばあると主張する態度のごときを指し得る。「流行の思想に対してそれは誤謬であるということはしばしば勇気を必要とする」というごとき用法がそれである。この用法を一般的な図式で示せば、

「……である、ということ」あるいは「……がある、ということ」となるであろう。しかしここで問題とするのはかかる限定なき「有り」である。そうすれば言うふるまいにおいて「言われること」は、「……である」「……がある」というごとき限定せられた「あり」ではなくして無限定な「あり」である。しかるに我々が「ある」と主張しあるいは「ある」と力説するというごとき態度を取るのは、その「ある」が何らか限定せられたものだからである。無限定の「有り」について人が主張するなどというのは全然無意義である。しからば「あるということ」の「こと」が我々のふるまい・態度であるはずはないであろう。哲学者が無限定の「あり」を問題とするという態度を言い現わすためには、我々は「あるということをいうこと」と言わねばならない。この場合「あるということ」は哲学者によって言われることであり、それを「いうこと」が哲学者の態度である。そうすれば「あるということ」の「こと」が言《こと》としてのそれであることは明らかであろう。この場合にのみ「あるということ」は無限定の「あり」を一義的に示しているのである。

「あるということ」が「言《こと》」としての「こと」であるとすれば、そこに新しい問題が生じて来る。「言《こと》」としての「こと」が何ゆえに無限定な一般的なことを言い現わし得るのであるか。たとえば「目前に起こったこと」は特殊な出来事であるが、「目前に起こったということ」あるいは「目前に起こった事ということ」は、「言われたこと」として（すなわち言《こと》として）一般的なことである。それは何ゆえであろうか。ここに「言《こと》」というのは言語というものではない。言語において現わされている「こと」である。「目前に起こったこと」は感覚的に触れられるさまざまなものとその関係において存する一定の特殊な事件であるが、「目前に起こったということ」は何ら特殊なものや関係に依存することなく、一般にかかる特殊な事件の起こり方を意味する。それは目前の事件の内にも存するが、しかし何ら現実的な事件がなくとも存立することである。すなわち事《こと》は現実的なことであり、言《こと》は現実的な事にも己れを現わし得るところの可能的なことである。ここにおいて言《こと》としての「こと」はきわめて近く essentia あるいは Wesen に似かよってくる。

　我々はこのことをきわめて日常的な問いにおいても見いだし得ると思う。目前に起こったこと、たとえば一つの喧嘩を目撃した人に対して、それを目撃しない人は、「何かことがあったか」と聞くことができる。答えは「しかり、ことがあった」である。さらに彼は、「どんなこと（すなわちいかなること、いかにあること）があったか」ときくことができる。答えは「喧嘩があった」である。もしくは、甲がいかに乙をののしり乙がいかに甲を撲ったかの叙述である。それは言葉というもの、動作というものにおいて成り立っている事《こと》を指している。が、彼はこの出来事の始終や有りさまを知った後に、なお「それは一体どういうことなのだ」ときくことができる。そこに求められるのは、喧嘩の意味である。すなわちかかる現実的な「こと」（事件）においで現わされている可能的なことである。人はそれを酒の上の間違いとかあるいは平生から仲が悪いとかと言って答える。もしくは喧嘩を直接に目撃していながらも私は知らないと答える。そうしてみるとここに「どういうこと」として問われるのは、喧嘩の当事者の間に主体的実践的に行なわれた連関を、意味の連関として人々の間にあらわにしようとすることである。ところで初めに事として叙述せられた喧嘩は、右のごとき実践的連関の直接な表現にほかならない。意味の連関はこの「事」としての表現に内存するものと考えられているのである。人々が喧嘩に際して当事者間の主体的実践的な連関を了解し、あるいは了解しようと努めるとしても、意識的に取り扱い得るのは事及び言としての喧嘩であって、実践的連関そのものではない。そこで事と言との関係が現実態と可能態、existentia と essentia の関係として考察せられるのである。

我々は前節において「もの」と「こと」とを区別するに当たり、「事」と「言」とが「こと」として一であることを力説した。今やこの一である「こと」において

「事」と「言」との差別が問題の中心になる。人は或るものが「いかにあるか」ときくこともできれば、またそのもののあることが「どういうことであるか」ときくこともできる。前者は「事」を問うのであり、後者は「言」を問うのである。しかしかく区別せられた両者は一定の関係に立っている。たとえば「赤いということ」は、或るものが「赤くあること」によって、この「赤きもの」において実現せられている。また衝突ということは、たとえば電車が衝突することによって、この電車において実現せられている。これらは赤の体験や衝突の体験を地盤としているのではあるが、すでに事《こと》及び言《こと》として意識せられている限り、事は言の実現としての意義を持つのである。

三　事《こと》が言《こと》の実現であるということは、事が「すること」として何者かの働きを指し示していることによって理解せられる。すなわち「いうこと」が「すること」によって実現せられるのである。もちろんこの二者は、すでに言ったように、「こと」としては同一でなくてはならない。もし「いうこと」の「こと」が「すること」の「こと」と異なるならば、「いうこと」が「すること」によって実現せられるということは全然不可能である。しかし全然同一であって異なるところがないならば、可能なることが現実のことに転化したなどとは言えないであろう。従って「言《い》うことと為《す》ることとが一致しない」という現象も生じないであろう。かく見れば事と言とを区別するのはまさに実現という契機であり、従って「する」ということなのである。

我々は前に「こと」の第二義として我々自身の係わり、態度としての「こと」をあげた。「すること」はまさしくこの我々自身の行為である。しからば行為において現実化せられるところの「いうこと」は、我々自身が行為を始める前にすでにあったこと、あるいはあることなのであろうか。否、「言うこと」はそれ自身我々の間の行為的関連の契機である。言う行為が人と人との間に行なわれるのみならず、そこに言われることもまた人と人との交渉の中にある。言《こと》は相互の連関をあらわにし開示するものである。そうすれば言《こと》はすでに行為的連関における相互了解性を地盤としていると言ってよい。従って「いうこと」は行為に先立って可能なることとしてあるのではなく、行為の中から、実践的了解の自覚として、生まれてくるのである。この自覚がさらにまた行為の中の契機となって、行為を導き、行為に形をつける、それを我々は「いうこと」が実現せられたと呼ぶのである。かく見れば事と言との間の実現の問題は畢竟行為的連関そのものの歴史的発展的構造に根ざすのであって、単に可能なることと現実的なこととの関係としてのみ取り扱うことはできぬ。可能的と言い現実的と言うも行為的連関の時間的構造に基づいてのみ成り立ち得ることなのである。事と言の関係として前に捕えたものは、かくのごとき実践的行為的連関における両者の関係を、その実践的地盤より遊離させ、観照的なる対象にのみ適用したものにほかならない。

ここにおいて我々は「いうこと」の根源的な意義に到達したのである。それは人間の行為的連関における実践的了解の自覚の契機である。この自覚が言としての「こと」の真相である。しからば「あるということ」を問うのは「あり」の自覚を問うのであり、従ってそれがただ哲学のみの問いとなるのは当然であろう。

## 六　言う者は誰であるか

前節の第二問において我々は「あるということ」を問うのが「あり」の実践的了解の自覚を問うのであることを明らかにした。しかるに日本語においては「あるということ」のが何人の言うであるかを明らかにしておらない。ここに第三の問いが始まるのである。あると言うのは我であるか、世人であるか、あるいは哲学者であるか。言いかえれば右の自覚は我の自覚であるか、世人の自覚であるか、あるいは哲学者の自覚であるか。

一　「あるということ」という語は、無限定の「あり」を一般的に示すのである。

だからもしこの「言う」が我あるいは何人か特定の人の言うであるならば、たちまちにその意義は異なってしまう。それはその人の私見であって一般性を持たない。たといそれが孔子、釈迦、ソクラテスのような賢人であっても事態は変わらない。それらの賢人の言を問うのは歴史的研究であって、普遍的なことを問うのではない。「釈迦が有と言うこと」はいかなることであるかと問えば、それは有についての釈迦の思想を問題とするのであって、明白に哲学史の問題に属する。「あるということ」を問う場合にはかかる哲学史的な問題にも触れなくてはならないであろうが、しかし後者が直ちに前者の地位を占めることはできないのである。

それでは言う者は世人であろうか。日本において漠然と世人の言説を指す場合には、「人は言う」と言い現わされる。が、それは必ずしも一般化する力を持たない。だから「或人曰く」「人有り、言う」のごとき言い現わしとほとんど択ぶところはないのである。のみならず多くの場合世人の言は承服し難きもの訂正せらるべきものとしてあげられる。すなわち世人はかく言うが我はかく言わない、というごとき含蓄をもって「人は言う」と言われるのである。「あるということ」の「いう」が世人の言うでないことは右のごとき点からしても明らかであろう。

そうしてみると「あるということ」の「いう」は我、汝、彼、世人、賢人等のいずれにも固着してはならない。我はかく言うが彼はしか言わない、汝はかく言うが世人はかく言わない、彼はかく言うが賢人はかく言わない、等々の場合には、「いうこと」は決して一般性を示し得ないのである。しからば一体言う者は誰であるか。我、汝、彼、世人、賢人等々を除いて一体どこに言う者がいるのであるか。どこにもいない。言う者はこれらの人々であるほかはない。ただそれがこれらの人々のいずれかに固定してはならないのである。すなわち我も言い彼も言い汝も言い世人も言い賢人も言うところの「言う」でなくてはならないのである。

ここに我々は日本語の動詞に人称の別がないという第二節の論を想起する。我言う、汝言う、彼言う、人々言う。何人が言うとも言うの形は変わらない。そこで日本語は何人が言うかを度外視してただ「あるということ」と言い現わすことができる。しかしそれによって「言う者」がないことを現わしているのではない。むしろ逆にすべての人が言う者となるゆえに特に何人が言うかを示す必要がないのである。だからこそこの「言うこと」が「あり」を一般的に現わし得るのである。

**二**　「すべての人が言う」ということは、もしそれを経験的に確定しようとするならば、到底達せられることではない。だから「あるということ」の「いう」が我も言い汝も言い彼も言う等々の言うであるとしても、これらの「言う」の総計としてのいうではない。我が言うとしてもそれが我の私見ではなくして「公」のものであるとき、言う主体としての我を特に掲げる要はないであろう。汝、彼、世人等々においても同様である。そうすれば何人が言うかを示す必要がないというちょうどその点に、言いかえれば言う主体の個別性が消えて行くというちょうどその点に、「すべての人」すなわち全体者が己れを現わすのである。そのことを「あると言うこと」という言い現わしがあらわに示している。「あるとすべての人がいうこと」と言い現わすよりも単純に主格を抜いて「あるということ」と言い現わす方が一層明白に「あり」の一般性を提示し得るのである。

　以上のことは「言うこと」すなわち「言」の社会的性格を示すと言ってよいであろう。言は実践的了解の自覚である。しかしこの了解も自覚も単に個人的にのみ行なわれるのではない。それは社会的に、あるいは全体的に行なわれることによって、また個人的ともなるのである。このような個人的・社会的な二重構造を有する人間存在の自覚としてのみ「言」は生起しまた発展する。だからこそ言は個々の人の「言うこと」でありつつ個人を超えた一般的なことであり得るのである。

　そうしてみると「言う者」は個人的・社会的なる人間である。かかる人間が己れの存在の自覚として言を生み出すのである。「あるということ」を問うという事態がすでにそれを示しているのである。

## 七　「ある」の意義

以上三つの問いにおいて我々は「こと」と「いうこと」と「いう者」とを明らかにした。そこで最後に残っているのは「ある」である。「あるということはどういうことであるか」という問いは、「ある」を問うのにすでに「ある」を以てしている。問われる「ある」と問う「ある」とはいかに異なりまたいかに関連するか。

一　問われている「ある」は、「あるということ」として一般化せられている。従ってそれは個々の「ある」ではない。しかし「ある」は個々の「ある」を離れてどこにも存しない。「ある物」は「或る物」であり、「ある」は必ず何かがある、何かである の「ある」である。しかしその「ある」を問うところの「ある」は、「……であるか」という形に現わされている。従ってこの問い自身がすでに一般的な「ある」と「である」との対立を示す。「である」が独立することは同時に「がある」を押し出すことである。「ある」と「である」と「がある」とはいかに連関するであろうか。

「である」はSはPであるという場合の「ある」であって、いわゆる繋辞《けいじ》に相当する。それは「何であるか」の問いに答えるものとして事物の本質、essentia を示すものと考えられる。それに対して「がある」は何物かがあること、すなわち事物の存在、existentia を示すと言ってよい。事物の存在は移り変わるが、事物の本質は不変である。従って「である」は「がある」よりも根柢的であり、あらゆるありの（すなわち万有の）本質でなくてはならぬ。これが通例の考え方であった。

　しかし日本語「あり」は果してこの考えに適応しているであろうか。「ある」に対しては「である」も「がある」もともに限定せられた「ある」である。日本語において根柢的なのは限定せられざる「ある」であって、「である」ではない。「である」と「がある」との両者のみについて考えてみても、通例の用法の示す所に従えば、「がある」が「である」よりも根柢的である。たとえば「私はいろいろな用事がある」からして「私は多忙である」のであって、「私は多忙である」がゆえに「私はいろいろな用事がある」のではない。同様に「私は閑《ひま》がある」からして「私は閑《ひま》である」のであり、また「風がある」からして「風が静かである」こともできるのである。この関係は古い日本語において一層顕著に示されている。「がある」を言い現わすためには「あり」は本来の形を限定するに及ばなかった。山あり、河あり、のごときである。しかるに「である」を言い現わすためには、「に」または「と」という助詞に限定せられて「なり」「たり」とならねばならなかった。SはPなりということきである。すなわち言語上、「なり」は「あり」から出てくるのであって、その逆ではない。山あり、高き山なり、である。そうしてみると日本語の示すところは、前にあげた考えのちょうど逆である。

そこで我々は日本語からして「である」は「がある」の限定であるという事実を見いだす。山がある。それは高い山でも低い山でもあり得る。が、この山は高い山である。明らかにここには「である」によって山の有り方が限定せられているのである。

二　では「である」によって限定せられる「がある」とはどういうことであるか。「私は閑がある」とは私が閑暇を有《も》つことである。私は用事がある、私は読書に興味がある、私は食欲がある、等々、我々は日常数限りなくかかる言い現わしを用いている。すべて有つの意味である。そこからして庭には植木がある、町には家がある、山には岩がある、等々の用法も発展して来る。庭が植木を有ち、町が家を有っているのである。しかし厳密に言えば有つということき係わり方をするのは人間であって、庭や町ではない。人間が庭を有ち、その庭において植木を有つのであり、また人間が町をつくり、その町において家を有つのである。だからこそ「有る所のもの」は所有物なのである。

このことは我々から最も遠い星のごときものについても言えるであろう。星が人間の所有物であるということは、一見奇異に感ぜられるかも知れない。しかしフォイエルバッハがすでに道破しているように、星があるということは人間が星を有つに至って初めて生じた事態である。動物にとっては星はない。また遠い天体としての星があるということも、人間がかかる天体を有つに至って初めて生じた事態であって、古い時代にはかかる天体はなかった。現在といえども何千光年、何万光年の遠い星は、我々が何千年何万年前にその星を出た光に今接している限り有るのであって、たといそれが千年前、万年前にすでに消滅してしまっているとしても、我々にとっては有るのである。すなわちそれ自身においては存しない星も我々がそれを有つ限りなお千年万年も有り続け得るのである。

かく見れば総じて「ものがある」のは人間が有つのであると言ってよいであろう。そうすれば「がある」が限定せられて「である」になるということは、人間がその有ち方を限定することにほかならない。庭には植木がある、美しい木である、という場合には、人間が庭の植木を有《も》つ有《も》ち方を美しいという語によって現わされるような仕方に限定するのである。すなわちそれを愛玩し賞美するという仕方で有《も》つのである。そうしてみると「がある」も「である」もともに人間の存在に属し、「である」はその存在の仕方の限定を表現したものであるということになる。

**三**　ここにおいて「がある」と「である」とに分化する「ある」を人間存在の顕示として把捉する道が開けてくる。人間存在は実践的行為的連関であって、あらゆる意識あらゆる表現の地盤をなしている。実践的にすでに存する了解は言《こと》として自覚せられてくる。「あるということ」は実践的なる存在の了解の自覚である。従って「存在」が「あり」として顕示してくるのである。そこでこの存在の存在内容の方に向かえばそこに「がある」が展示せられ、存在の仕方に向かえば「である」が展示せられる。この関係を示すものは「私は閑がある」「私は閑である」のごとき用法であろう。閑があるのは私の存在内容であり、閑であるのは私の存在の仕方である。

　以上のごとく見れば日本語の「あり」が実在の意味を持つに至らなかったゆえんも理解せられるであろう。「あり」は事物の背後にある世界の根柢というごときものをかつて指《ゆび》さしたことがない。「あり」のままということは思惟の働きを加えることなく主体的存在の顕示をそのままにということである。存在の真相が「あり」であるか否かはさらに深く突き入って考察されなくてはならない。

「あるということはどういうことであるか」という問いを形成している日本語が

我々に教うるところは、ほぼ以上のごとくである。それらの日本語はきわめて日常的な、平易な、従っていかなる日本人も知らぬ者のない言葉である。しかしそこから引き出されてくる意味は決して易解のものではない。また現代の哲学者が日常生活から縁遠い、人工的に為作せられた学術語によって取り扱っている問題と、さほどかけ離れたものでもない。日本人は何ゆえに彼らの活きた言葉をもって考えようとしないのであろうか。平俗な言葉を使うのが学者の威厳をそこなうがゆえであろうか。あるいは潑剌《はつらつ》たる生の内容を担った言葉をコナシ切れず、すでに哲学語として使い古された言葉の翻訳を必要とするのであろうか。我々はそのいずれであるかを知らない。が、ドイツの哲学者がSeinを哲学の中心問題として取り扱うときには、この語が最も日常的な、最も平俗な言葉であることを、決して忘れているのではない。だからこそ哲学の中心問題が、存在的に我々の日常生活に密着しつつ、存在論的にそこから最も遠いと言い得るのである。日常の言語から遠のいた哲学は決して幸福な哲学ではない。思えば永い間のラテン語の桎梏《しっこく》から猛然として己れを解き放した百余年前のドイツの哲学者たちは、それによって同時に哲学をば潑剌として生きたものにしたのであった。かかる仕事はまことに大力量の士を必要とする。が、大力量の士は彼を待望する時勢によって生み出されてくるのである。我々はここにかかる待望の声をあげる。日本語は哲学的思索にとって不向きな言語ではない。しかもそれは哲学的思索にとっていまだ処女である。日本語をもって思索する哲学者よ、生まれいでよ。

（昭和四年稿、十年加筆）

**●著者**

和辻哲郎（わつじ・てつろう　一八八九―一九六〇）
兵庫県神崎郡砥堀《とぼり》村仁豊野《にぶの》（現在の姫路市仁豊野）に生まれる。
倫理学者、哲学者。著書に『古寺巡礼』『風土』『倫理学』ほか。

**●本書について**

論文「日本語と哲学の問題」は以下のように成立した。

和辻がドイツ留学から帰国した後に行った講演「日本語と哲学」（京都哲学会公開講演会、一九二八年十二月一日）の草稿をもとに論文「日本語に於ける存在の理解（一）」（『哲学研究』第百五十五号、京都哲学会、一九二九年二月）、「日本語に於ける存在の理解（二）」（『哲学研究』第百五十七号、京都哲学会、一九二九年四月）を連載。連載が二回で中断された後、一九三五年に改稿・加筆を経て論文「日本語と哲学の問題」として『続日本精神史研究』（岩波書店、一九三五）に収録され発行。

本書（ISBN 978-4-907105-06-8）はこの論文を紹介しまたその精読用テキストを供する目的で制作された。岩波書店の許可を得て『和辻哲郎全集 第四巻』（第三刷、一九八九）を底本とし、全集刊行時の誤表記と思われる箇所については『続日本精神史研究』（一九三五）と『哲学研究』（一九二九年二月・四月）を参照し校訂した。振り仮名は数箇所補った。

（編集部）

**日本語《にほんご》と哲学《てつがく》の問題《もんだい》**

2016年12月1日　初版第1刷発行

著　者　和辻哲郎（わつじ・てつろう）

発行者　荻野直人
発行所　景文館書店
〒444-3624
愛知県岡崎市牧平町岩坂48-21
mail@keibunkan.com
印刷製本　大日本印刷
表紙写真　もくれん「一度好きになったら絶対に諦めない」

2016 Printed in Japan
ISBN 978-4-907105-06-8　C0010